LE
CIMETIÈRE D'AMBOISE

DU MÊME AUTEUR

~~~~~~

TABLEAU NATUREL des rapports qui existent entre Dieu, l'Homme et l'Univers, avec préface de Papus. Un vol. in-8 carré. *Prix :* . . . . 6 fr. »

DES NOMBRES. Œuvre posthume, ornée d'un portrait inédit de l'Auteur, avec deux études par M. Matter, préface de Sédir. Un vol. in-8 carré. *Prix :* . . . . 5 fr. »

ECCE HOMO. Brochure in-8 carré. *Prix :* . . . . . 1 fr. 50

PETITE COLLECTION D'AUTEURS MYSTIQUES

L.-C. DE SAINT-MARTIN
Dit le Philosophe Inconnu

LE CIMETIÈRE D'AMBOISE

suivi de

STANCES SUR
L'ORIGINE ET LA DESTINATION DE L'HOMME

Préface de Papus

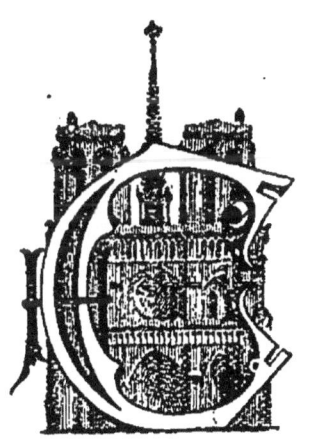

PARIS
LIBRAIRIE GÉNÉRALE DES SCIENCES OCCULTES
BIBLIOTHÈQUE CHACORNAC
11, QUAI SAINT-MICHEL, 11

1913

Préface

L'Homme est véritablement le petit monde, le microcosme reproduisant en lui toutes les lois de l'Univers; aussi, Claude de Saint-Martin a-t-il raison de dire qu'il faut toujours expliquer la nature par l'homme et non l'homme par la nature.

La Terre, sur laquelle nous sommes, a dix mouvements dont trois sont les plus importants :

1° La rotation sur elle-même, en un jour (24 heures), qui peut être considérée comme un mouvement personnel, accompagné par le satellite lunaire;

2° La translation autour du soleil, en un an (365 jours et une fraction). C'est là le mouvement personnel du système planétaire tout entier, où la Terre ne joue plus qu'un rôle d'engrenage. C'est, si l'on veut bien nous passer cette expression, le mouvement planétaire social;

3° Enfin, la chute avec le soleil et tout son cortège vers la constellation d'Hercule. C'est un mouvement dans lequel notre pauvre Terre disparaît presque complètement, comme facteur et dans lequel le soleil joue, à son tour, un rôle de simple engrenage.

Toutes ces lois du grand Monde, macrocosme ou Univers, nous sont révélées par l'étude du microcosme ou être humain.

Nous trouvons en effet dans l'homme :

1° *Un mouvement personnel dans lequel l'individu vit selon sa volonté et exerce sa liberté : c'est l'image de la rotation de la Terre sur elle-même.*

Ce mouvement est le résultat d'une opposition de la volonté humaine à la marche générale des choses autour de lui et il demande une grande tension volontaire, appuyée sur de nombreuses épreuves;

2° *Un mouvement général, où l'homme disparaît comme facteur individuel : il devient simplement un facteur social, dont le travail est plus ou moins utile à la collectivité, selon que l'homme est un rouage ou un ressort : c'est l'image du mouvement annuel de la Terre et qui est caractérisé pour l'homme par une existence dans une incarnation matérielle;*

3° *Enfin, il existe un mouvement de toute l'Humanité dans tous les plans d'incarnation, où chaque être humain n'est qu'un facteur de la marche de l'évolution de l'Univers. C'est l'image de la marche du système solaire vers la constellation d'Hercule et qui est caractérisée pour les êtres humains par les cycles de plusieurs existences, avec réincarnation.*

Or, de ces trois existences, très peu d'êtres humain réalisent la première : ils ne s'inquiètent pas de leur évolution personnelle; ils subissent passivement toutes les poussées extérieures; ce sont des machines revêtues de formes humaines, ce ne sont pas des êtres libérés; on peut les appeler : « des morts en grand nombre parmi quelques vivants ».

La vie, pour ces êtres, est tout entière concentrée dans ses formes extérieures : de beaux habits, la considération des voisins, des décorations pour les hommes et des bijoux pour les femmes, enfin, rien d'intérieur, rien de réellement vivant : c'est un cimetière qu'aperçoit celui qui sait regarder, ce n'est plus une vraie société humaine en communion avec l'Invisible.

En effet, la seule vie véritable est intérieure; elle se passe loin du monde ou, plutôt, le monde n'est qu'un support externe de cette communion vivante et permanente entre notre existence et l'Invisible.

Voilà ce que le Maître de la Mystique moderne, Claude de Saint-Martin, nous fait entrevoir dans les pages suivantes. Le « cimetière d'Amboise » est partout où la mort de l'esprit étend son domaine. Sachons vivre hors de tous les cimetières, dans tous les plans.

13 Mai 1913.

PAPUS.

LE
Cimetière d'Amboise

PAR LE

PHILOSOPHE INCONNU

———•◦❦◦•———

J'AIME à porter mes pas dans l'asile des morts.
Là, mourant au mensonge, il me faut moins d'efforts
Pour comprendre leur langue et saisir leur pensée,
Car les morts ne l'ont pas, cette idée insensée,
Que tout s'éteint dans l'homme. En eux, tout est vivant.
Pour eux, plus de silence. Autour d'eux l'on entend
Les sanglots du pécheur; les fureurs de l'impie;
Les cantiques du sage; et la douce harmonie
De ceux dont l'amitié, le zèle et la vertu
N'ont formé qu'un seul cœur pendant qu'ils ont vécu.

Homme, c'est ici-bas qu'il a pris la naissance,
Ce néant où l'on veut condamner ton essence;
Et c'est ta propre erreur qui lui sert de soutien.
Tu sais tout! tu peux tout! et tu peux n'être rien!...
N'être rien!... et saisir et juger la lumière!...
Laisse à l'homme égaré ces rêves de la terre :
Nous n'étions qu'assoupis dans nos corps ténébreux.

Quand le temps nous arrache à leurs débris fangeux,
L'heure qui nous réveille est une heure éternelle.
Oh ! juste, quels transports ! quelle splendeur nouvelle !
Tu prends un autre corps, au creuset du tombeau ;
Un vif éclat, toujours plus brillant et plus beau ;
Un coup d'œil plus perçant ; une voix plus sonore ;
Un cœur même plus pur. Ainsi quand j'évapore
Ces fluides grossiers où le sel est captif,
Son feu reprend sa force, et devient plus actif.

Sur ce tertre, voisin du lieu qui m'a vu naître,
J'errais seul. Nos tombeaux, pour ce site champêtre,
M'inspiraient un attrait doux et religieux.
Sage Burlamaqui, c'est non loin de ces lieux,
Que tu sanctifias l'aurore de mon âge ;
Qu'un feu sacré, sorti de ton profond ouvrage,
Agitant tout mon corps de saints frissonnements,
De la justice, en moi, grava les fondements :
Faveurs, dans mon printemps, si neuves, si divines !
Mais qui cachaient, hélas ! de cuisantes épines !
Le temps les fit éclore. Aussi je méditais
Sur nos jours de douleur. Pensif, je mesurais
Ce long aveuglement qu'on appelle la vie.
Quels tourments ! quels dégoûts ! Dans ma mélancolie,
Je ne distinguais rien. Tout autour de ces champs,
A peine je voyais ces jardins élégants,
Où Choiseul déploya le faste et l'opulence,
Ces modestes rochers qu'habite l'indigence ;
Ce célèbre château qui vit naître autrefois
Les malheurs trop fameux du règne des Valois.
Un deuil me semblait même, oh ! plaintive nature,
Voiler tous ces trésors, dont tu fais ta parure ;
Ces moissons, ces forêts, ces animaux épars,

Ce fleuve, ce beau ciel offert à mes regards.
Heureux qui peut encore, contemplant tes ouvrages,
Y puiser chaque jour de sublimes images ;
Et sachant y répandre un brillant coloris,
Attendrir tous les cœurs, en frappant les esprits !
Mais, homme, cher objet de ma sollicitude,
C'est toi qui m'interdis cette attrayante étude ;
C'est ta main qui couvrit la nature de deuil,
Et qui fit de son trône un lugubre cercueil ;
Et quand tout m'est ravi dans ce lieu de détresse,
Ta raison, aggravant le chagrin qui me presse,
Veut encore me fermer le chemin de ton cœur,
Et laisser dans le mien s'isoler ma douleur.

Du sort, je comparais les différents caprices,
Les succès, les revers, les biens, les injustices,
En aveugles, sortant de ses aveugles mains,
En aveugles, suivant les aveugles humains.
Triste, je me disais : Sans une loi commune,
Qui seule balançât ces jeux de la fortune,
Et qui, nous unissant par un destin égal,
Dans notre obscurité, nous servît de fanal.
L'homme ne saurait plus quelle est son origine ;
Se croyant séparé de la source divine,
Il se créerait des Dieux, et ses vœux imprudents,
Aux astres, au hasard, offriraient son encens.
Mais ce sévère arrêt qu'une loi souveraine
Prononce avec éclat, à la famille humaine ;
Ce décret qui ne dit qu'à nous : tu dois mourir ;
Et que nous savons seuls avant de le subir,
A de pareils écarts, oppose sa barrière,
Et répand sur notre être une vive lumière.

La mort en nous forçant à la fraternité,
Veut peindre à notre esprit cette saine unité,
Où l'amour nous attend ; où la piété brille ;
Où, dans un séjour pur, le père de famille,
Prodiguant des trésors sans cesse renaissants,
Se plaît à se confondre avec tous ses enfants ;
Et n'a rien qu'avec eux son cœur ne le partage.

De la nature ici prenons le témoignage :
Ton corps est le produit d'éléments concentrés,
Qui de leur liberté semblent être frustrés.
Chacun d'eux, en quittant la forme corporelle,
Par degrés va trouver sa base originelle.
Si dans nous il existe un élément divin,
Pour lui la même loi mène à la même fin.
Nous venons des Dieux quand on nous décompose ;
Et pour l'homme la mort est une apothéose.

Ainsi cette unité reparaît à nos yeux ;
Et si nous ne pouvons la voir que dans les cieux,
Ici, dans ce décret, son image est présente.
Qui n'y verrait pas même une main bienfaisante ?

L'homme lit son arrêt dès ses premiers instants,
Pour que, nouveau lévite, il médite longtemps,
Dans ce livre sacré, les lois des sacrifices,
Et s'instruise à quel prix ils devenaient propices.

Ces lois, dans l'animal, n'ont rien à ranimer ;
Il ignore sa mort, il ne sait pas aimer.
Que serait donc pour lui cette éloquente image
Dont il n'est pas admis à comprendre l'usage ?

Mais toi, mortel, mais toi qui, sous des traits divers,
As lu cette unité dans l'homme et l'univers ;
Et ne peux rien toucher qui ne te la révèle,
Comment justifier ton erreur criminelle ?
Dans tes vastes projets, dans tes nobles efforts,
Ta pensée est toujours l'idole de ton corps ;
C'est toujours à l'esprit que tu te sacrifies ;
Tu vas montrant partout des Dieux et des Génies ;
Consacrant chaque objet, chaque jour, chaque lieu,
Et divinisant tout enfin, excepté Dieu.

J'aborde en ces moments le temple funéraire :
Oh ! morts, consolez-moi dans ma tristesse amère ;
Je ne peux qu'à vous seuls confier mes chagrins.
Ils ne me croiraient pas, les malheureux humains,
Si je leur dépeignais leurs profondes blessures.
Entiers à leurs dédains, entiers à leurs murmures,
Que produiraient sur eux les larmes d'un mortel !

Là, mon penchant m'entraîne à prendre pour autel,
Quelqu'un de ces tombeaux, dont l'enceinte est remplie.
L'être dont la dépouille y dort ensevelie,
Devait servir d'offrande ; une invisible main,
Sans doute, me guidait dans ce pieux dessein.
Mon choix ne tomba point sur ceux que la naissance,
La fortune, l'orgueil d'une vaine science,
Avaient environnés d'un éclat emprunté ;
J'aurais craint que dans eux quelque difformité,
Quelque tache n'eût fait rejeter mon offrande.
Pour l'avoir pure, ainsi que la loi le demande,
Un mouvement secret fit incliner mon choix
Sur le jeune Alexis, un humble villageois,

Qui, dans la piété, le travail, la misère,
Venait de terminer une courte carrière.
Ce nouveau Jérémie inonda de ses pleurs,
Ces champs où, chaque jour, il versait ses sueurs ;
Ces champs où, maintenant, sa dépouille repose.
Nos erreurs, nos dangers en étaient seuls la cause.
Ce n'étaient point ses maux : il se trouvait content.
Malheureux journalier ; mais actif, patient,
Malgré son infortune, on sait dans la contrée,
Si jamais, dans son cœur, la plainte était entrée :
Chacun le regardait comme un ange de paix.
Les pauvres, fréquemment, éprouvant ses bienfaits,
Recevaient de sa main sa propre subsistance.
Et quand nous lui disions : Alexis, la prudence
Te permettrait d'agir moins généreusement.
Le sensible Alexis répondait en pleurant,
Ainsi que cet Indien au bon missionnaire :
Voyez que Dieu par là devient mon tributaire.

Tel était cet agneau qui, par moi, fut choisi.
Dans le zèle brûlant dont mon cœur est saisi,
Et quel zèle jamais parut plus légitime !
En esprit, près de moi, je me peins la victime ;
Je la prends, la prépare, et la mets sur l'autel ;
Ma main l'arrose d'huile, et la couvre de sel ;
Mes désirs et mes pleurs me servent d'eau lustrale.
Et bientôt de mon sein, un long soupir s'exhale :
« Dieu d'amour et de paix, qui dans l'homme as semé
Des germes de ta gloire, et qui ne l'as formé
Que pour les cultiver ; par toi, je te conjure
De te rendre à mes vœux, si la victime est pure.
Ces morts qui sont ici, qui, de leurs tristes jours,

Sous l'œil de ta justice, ont accompli le cours,
Ne pourraient-ils servir aux plans de ta tendresse !
Pour guérir tes enfants, oh ! profonde sagesse,
Tout n'est-il pas au rang de tes puissants moyens !
Levez-vous, morts, oh ! vous, mes vrais concitoyens ;
Dieu le permet, quittez le séjour de la vie ;
Revoyez un instant votre humaine patrie,
Vos amis, vos parents ; que tous, dans ces cantons,
Par vous, de la sagesse, apprennent les leçons :
Le sépulcre, en s'ouvrant à leurs fragiles restes,
Un jour, engloutira leurs passions funestes.
Ils y verront dormir, auprès de l'assassin,
Ceux à qui sa fureur aura percé le sein ;
L'indigent famélique à côté de l'avare
Qui l'aura repoussé dans son dédain barbare ;
A côté de l'ingrat son zélé bienfaiteur,
Et l'innocent auprès de son persécuteur.
Venez leur exposer ces tableaux prophétiques ;
Présentez aux vivants ces leçons pacifiques,
Et que tous, dès ce monde, ils soient autant d'amis. »

Une voix, que je prends pour celle d'Alexis,
D'en haut, sur mon autel, soudain paraît descendre ;
Jusqu'au fond de mon cœur elle se fait entendre ;
Je l'écoutais parler, rempli d'un saint effroi ;
Elle semblait me dire : « Ami, rassure-toi,
Tes vœux sont purs ; le Dieu d'amour et de justice,
D'un regard favorable a vu ton sacrifice.
Jusqu'au plus haut des cieux ton encens est monté ;
Et ce ne sera point à ta seule cité
Que les morts prêteront leur appui salutaire.

Un jour ils parcourront tous les lieux de la terre,
Pour aider son courage en des temps désastreux.
L'iniquité s'accroît ; ces sons injurieux,
Ces blasphèmes sortis du sein de l'arrogance,
Bientôt, du ciel lui-même, armeront la puissance.
Dans ces jours malheureux, partout l'air gémira ;
Les astres pleureront ; le marbre se plaindra ;
Par la force du feu les eaux seront taries ;
Par la force des vents naîtront mille incendies,
Tous les volcans du globe à la fois vomiront ;
Les éléments en guerre, entre eux se heurteront ;
Tous prendront la parole, et d'effroyables signes,
Aux méchants apprendront de quel sort ils sont dignes.
Alexis qui t'annonce aujourd'hui ces fléaux,
Vivant, n'était pas seul à pleurer tous ces maux ;
Et même il compte encore dans les murs de ta ville,
Trois frères de douleur. Il en compterait mille
Qui veillent dans la France. Aucune nation,
On peut dire, aucun lieu, qui n'ait part à ce don.
Dieu ne surprend jamais, et sa bonté suprême,
Sans relâche, aux mortels peint leur péril extrême. »

« Toi donc, qui rends les morts témoins de tes tourments,
Que tes larmes aussi s'adressent aux vivants ;
Que l'homme du torrent entende ton langage ;
L'œuvre est grande : elle doit enflammer ton courage.
Elle est ta récompense. Heureux d'avoir goûté
La soif de la justice et de la vérité !
La sagesse te voit : sa bonté paternelle,
Dans son esprit de paix, dirigera ton zèle. »

Ce discours, mes désirs, celui qui me parlait,
Tout, dans moi, faisait naître un feu qui me brûlait,
Mais d'une flamme au monde, hélas! trop inconnue.
Ma langue était muette. Alexis continue :

« Aux doctes de la terre expose leurs erreurs ;
Dans leur cœur, s'il se peut, fais passer tes douleurs :
Qu'ils pressentent par là cette époque future ! »

« Dis-leur : vous qui veillez auprès de la nature,
Le compas à la main ; vous, dont les arts divers
Savent peser, nombrer, mesurer l'univers,
Croyez-vous que celui dont il tient la naissance,
Se borne à demander à votre intelligence,
D'en tracer la figure? A vos puissants crayons
N'en aurait-il offert que les dimensions?
Et n'êtes-vous chargés par lui que de décrire
Les murs de ce palais, qu'il se plût à construire?
Quel artiste pourrait limiter ses succès,
En peignant des héros, à crayonner leurs traits?
Ne s'efforce-t-il pas de nous montrer tracées,
Leurs âmes tout entières, et leurs grandes pensées,
Afin qu'en nous charmant par ce magisme doux,
Leur esprit nous attire et s'unisse avec nous?
Et celui qui du monde ordonna la structure,
Ne trouverait chez vous ni peintre, ni peinture !
Non, ces majestueux et sublimes desseins,
Qu'il conçut en formant cette œuvre de ses mains ;
Ces ressorts animés de la nature entière ;
Ce mot d'ordre que l'homme, au sein de cette terre,
Prend de Dieu chaque jour ; ce signe solennel
Qu'il doit la préserver au nom de l'Eternel :

Savants, c'était à vous d'exposer ces merveilles ;
Voilà ce que sa gloire attendait de vos veilles.
Mais que lui revient-il de vos descriptions ?
Tandis que vous venez par vos longues leçons,
Sans nourrir nos esprits, charger notre mémoire,
Il reste sans couronne et jeûne de sa gloire. »

« Et la triste nature en proie à tous les maux ;
Elle qui de vos soins attendait le repos ;
Que l'homme a pu plonger dans le deuil et la gêne,
Est-ce en pesant ses fers, est-ce en toisant sa chaîne,
Que vous ramènerez ses jours de liberté,
Et la consolerez de sa viduité !
Le flambeau du soleil, s'il brille dans le monde,
C'est moins pour l'éclairer, que pour qu'il le féconde. »

« Dis-leur : cet univers qui, malgré sa langueur,
Est votre seul moyen pour prouver son auteur,
Ne nous montre de Dieu que la moindre puissance.
Son amour, sa sagesse et son intelligence,
Nous les ignorerions si notre être divin
Ne servait de miroir à ce Dieu souverain ;
Et c'est vous qui deviez, dans ce miroir fidèle,
Nous indiquer les traits du suprême modèle ;
Mais cet homme, votre œil n'y voit qu'obscurités ;
Vous n'avez pas encore pesé ses facultés :
Vous prétendez tantôt, que l'idée est innée ;
Tantôt, que par les sens elle nous est donnée.
L'idée, objet profond qui vous divise tous,
N'est pas innée en vous, mais à côté de vous.
Ces animaux, ces fruits, dont la plus pure essence,
Vous prêtant son concours, soutient votre existence,

Sont aussi comme innés auprès de votre corps.
Sont-ils innés en lui ? Non, mais grâce aux ressorts,
Dont la sage nature a pourvu vos viscères,
Ces substances pour lui ne sont point étrangères.
Ses sucs avec leurs sucs se peuvent allier,
Et votre sang enfin se les approprier :
De vos doutes par là les bornes sont fixées.
Vous naissez, vous vivez au milieu des pensées ;
Et ce qui vous fait homme, est le droit merveilleux
D'admettre en vous ces fruits ; de former avec eux
Un doux lien, fondé sur votre analogie ;
D'aller, avec ce titre, aux portes de la vie,
Vous faire délivrer ce pain de chaque jour,
Qui sans cesse renaît dans l'éternel amour.
Mais surtout faites-vous un esprit assez sage,
Pour discerner les fruits dont vous faites usage,
Combien de fruits peu mûrs, corrompus, vénéneux !...
Les sables de la mer ne sont pas plus nombreux. »

« Dis-leur : l'homme est bien grand, son esprit vous pardonne
La méprise où, sur lui, le vôtre s'abandonne :
Il ne s'offense point des cris d'un peuple enfant.
Tandis que votre voix le condamne au néant,
Il pense, il s'affranchit du joug pesant des heures ;
Il parcourt librement les célestes demeures,
Ces lieux où le bonheur ne se suspend jamais.
Quand il s'est rajeuni dans ce séjour de paix,
Il revient contempler ces étonnants prodiges,
Dont l'univers au sage offre encore des vestiges ;
Avec l'aveu du maître il peut les approcher ;
Il a droit de les voir ; même de les toucher,
De les électriser par sa vive influence,
Et d'en faire jaillir des traits de sa puissance. »

« Dis-leur : vous voyez là le culte souverain,
Qui du suprême amour, fut la suprême fin.
Quand ce germe fécond reçut l'ordre d'éclore,
Les livres, les écrits n'existaient pas encore.
Il est le texte mère ; et les traditions
N'en sont que des reflets et des traductions.
Ce culte fut fondé sur l'homme et la nature.
C'est un appareil vif, calqué sur la blessure ;
Et de la guérison étant le vrai canal,
Il dut prendre l'empreinte et les formes du mal.
D'abus fait en son nom, un torrent nous inonde :
Mais vous qui vous donnez pour les flambeaux du monde,
N'allez plus répétant que tout culte pieux,
N'est et ne fut jamais que superstitieux,
Les bases désormais en sont justifiées :
Si le monde est rempli d'erreurs sanctifiées ;
Si partout l'imposture ajoute à ces abus,
Chaque écart, de leur source, est un témoin de plus :
L'homme qui chaque jour nous montre sa faiblesse,
Sans le fruit de la vigne eut-il connu l'ivresse ?
L'avarice sans l'or ? sans Dieu l'impiété ?
Et le mensonge, enfin, sans une vérité ?
Adjurez, croyez-moi, vos frivoles études,
Aisément éblouis par des similitudes,
Au plus grossier écueil l'erreur vous a conduits.
Voyant à tous les pas, dans ces différents fruits,
Mêmes faits, mêmes lois, mêmes noms, mêmes nombres,
Vous n'avez pas eu l'art de trier ces décombres.
Le Zodiaque écrit dans Henné, Tintyra.
Les cultes de tout temps avaient ce type là.
Du nombre empreint sur lui, la source est éternelle ;
Et le cercle lui-même en offre le modèle.
Qu'importent des erreurs que les âges roulants

Auraient vu se glisser dans les dates des temps ?
Un calcul faux qu'adopte ou produit l'ignorance ;
Des bases ne détruit ni l'objet, ni l'essence.
Montez donc à ces lois qui ne changent jamais :
L'esprit dans la nature aime à graver ses traits ;
Par elle exactement cette empreinte est suivie ;
La mort même ne fait que copier la vie.
Mais quand l'esprit vous peint ces grandes notions,
Et vous rouvre par là les saintes régions ;
L'homme en fait le flambeau de l'erreur et du crime,
Et marche en cotoyant le néant ou l'abime ? »

« Dis-leur : Vous, écrivains, illustres orateurs,
Qui venez, dites-vous, dissiper nos erreurs,
Aux plus beaux de vos droits ne pourriez-vous atteindre ?
Ce que la poésie à l'audace de feindre,
Votre vive éloquence a droit de l'opérer.
Dans la chaire, tachez de ne jamais entrer,
Qu'au seul nom de celui d'où provient la parole ;
Les prodiges alors remplissant votre école,
Sauront de la sagesse assurer les progrès :
De même qu'un poète instruit de ces secrets,
Qui de l'art de parler serait vraiment l'oracle,
Ne ferait pas un vers qu'il ne fît un miracle.
Oui, nos langues pourraient n'avoir qu'à vous bénir :
Mais si vous préférez de vous faire applaudir ;
Si de l'illusion étant les interprètes,
Vous venez, parmi nous, comme les faux prophètes,
Détournez la parole à votre seul profit ;
Ou bien dire en son nom ce qu'elle n'a point dit,
Vos paroles un jour vous seront imputées,
Ou, comme un faux métal, elles seront traitées. »

« Dis à l'homme de bien : marche le cœur brisé ;
Gémissant sur le mal, et sans cesse embrasé
De zèle pour ton Dieu, d'amour pour ton semblable.
De ton maître divin suit l'exemple ineffable.
Si tu sais comme lui porter tous tes désirs
Vers l'œuvre de ton père, et vivre de soupirs,
Pour qu'il regarde l'homme et pour qu'il le guérisse,
Alors te remplissant de l'esprit de justice,
Nul ne te touchera sans émouvoir ta foi,
Et sans faire sortir une *vertu* de toi. »

Ici, soit le pouvoir de ma douce espérance ;
Soit que ces grands destins se montrassent d'avance ;
Je semblai pressentir qu'à des fléaux affreux
Succèderaient pour nous des moments plus heureux.
Je crus voir la sagesse assise sur un trône,
Retraçant de nos jours ce que vit Babylone,
Lorsqu'au milieu d'un champ, la voix d'Ezechiel,
Fit revivre et marcher tous les morts d'Israël.
Je crus sentir qu'enfin cette sainte sagesse,
Accomplissant pour nous sa divine promesse,
Nous rendrait nos trésors, par Babel arrachés ;
Qu'elle ranimerait tous nos os desséchés ;
Que l'homme renaîtrait ; que les tribus captives,
Par lui, du vrai Jourdain, regagneraient les rives ;
Et que Jérusalem reverrait ses enfants.

« Oui, me dit Alexis, ils auront lieu ces temps,
Où l'homme rentrera dans la terre promise.
Au vrai Dieu, par son bras, elle sera soumise :
Mais annonce aux mortels qu'ils ne l'habiteront
Qu'autant que pour leur maître ils la cultiveront. »

Ces mots sont les derniers qu'Alexis fit entendre.
Quand j'eus loué les cieux, quand j'eus béni sa cendre,
Tout rempli de ce feu qui brulait dans mon sein,
De mon paisible toit je repris le chemin,
Espérant en secret que ces saines lumières
Trouveraient quelque accès dans le cœur de mes frères.

STANCES

sur

L'ORIGINE

ET

LA DESTINATION

DE

L'HOMME

HÆ TIBI ERUNT ARTES.

Eneide, livre VI.

STANCES
SUR
L'ORIGINE
ET
LA DESTINATION
DE L'HOMME

1.

FLAMBEAU surnaturel qui vient de m'apparaître,
Par toi s'explique enfin l'énigme de mon être.
C'est peu que ta chaleur te montre à mon esprit
Comme un torrent de feu qui jamais ne tarit ;
Je lis à la splendeur de ce feu qui m'éclaire,
Que je suis émané de sa propre lumière ;
Que des célestes lieux citoyen immortel,
Mes jours sont la vapeur du jour de l'Éternel.

2.

Que tout cède à l'éclat que mon titre m'imprime !
Rien ne peut éclipser le rayon qui m'anime ;
Et vouloir attenter à sa sublimité,

C'est faire outrage, même à la Divinité.
J'en atteste ces droits dont la vérité sainte
Dans l'homme incorporel voulut graver l'empreinte,
Lorsqu'elle le fit naître au sein de ses *vertus*
J'en atteste ces mots dans son temple entendus :

3.

« Symbole radieux de ma toute-puissance,
« Homme, que j'ai formé de ma plus pure essence,
« Connais la majesté de ton élection.
« Si je verse sur toi ma secrète onction,
« C'est pour te conférer l'important ministère
« D'exercer la justice en mon nom sur la terre ;
« De porter ma lumière où domine l'erreur,
« Et d'exprimer partout des traits de ma grandeur. »

4.

Eléments enchaînés dans vos actes serviles,
Suivez aveuglément vos aveugles mobiles,
Vous ne partagez point les fonctions des Dieux.
L'homme ici jouit seul de ce droit glorieux
D'être administrateur de la sagesse même,
D'attirer les regards de ce soleil suprême
Dont la clarté perçant l'immensité des airs,
Vient signaler dans l'homme un Dieu pour l'univers.

5.

L'homme un Dieu ! vérité ! n'est-ce pas un prestige ?
Comment ! l'homme, ce Dieu, cet étonnant prodige
Languirait dans l'opprobe et la débilité !

Un pouvoir ennemi de son autorité
Saurait lui dérober, dans l'enceinte éthérée,
Les sons harmonieux de la lyre sacrée !
Et le tenant captif dans la borne des sens
L'empêcherait d'atteindre à ces divins accents !

6.

« Autrefois établi sur tout ce qui respire,
« Il dictait, sous mes yeux, la paix à son empire :
« Aujourd'hui subjugué par ses anciens sujets,
« C'est à lui de venir leur demander la paix.
« Autrefois il puisait au fleuve salutaire
« Qui sourçait à ma voix pour féconder la terre ;
« Aujourd'hui, quand il songe à la fertiliser,
« Ce n'est qu'avec des pleurs qu'il la peut arroser.

7.

« A nul autre qu'à lui n'impute son supplice ;
« C'est lui qui provoqua les coups de ma justice :
« C'est lui qui, renonçant à régner par ma loi,
« Invoqua le *mensonge*, et s'arma contre moi.
« Trompé dans un espoir qu'il fonda sur un crime,
« Le Prêtre de l'idole en devint la victime ;
« Et la mort, ce seul fruit du culte des faux Dieux :
« Fut le prix de l'encens qu'il brûla devant eux. »

8.

Eternel, les humains faits tous à ton image,
Auraient-ils pour jamais dégradé ton ouvrage ?
Tes enfants seraient-ils à ce point corrompus,
Que ne pouvant renaître au nom de tes *vertus,*

Ils eussent aboli ton plus saint caractère,
Ton plus beau droit, celui d'être appelé leur père ?
Et verraient-ils tomber dans la caducité
Un nom qui leur transmit ton immortalité ?

9.

J'appris, quand j'habitais dans ta gloire ineffable,
Que ton amour, comme elle, était inaltérable,
Et qu'il ne savait point limiter ses bienfaits ;
Dieu saint, viens confirmer ces antiques décrets ;
A tes premiers présents joins des faveurs nouvelles
Qui m'enseignent encore à marcher sous tes ailes,
Et m'aident à remplir ce superbe destin
Qui distinguait mon être en sortant de ton sein.

10.

« Si le feu des volcans comprimé dans ses gouffres
» Par les rocs, les torrents, les métaux et les soufres,
» S'irrite, les embrase, et les dissout, pourquoi
» Ne sais-tu pas saisir cette parlante loi ?
» Homme timide, oppose une vigueur constante
» A ces fers si gênants dont le poids te tourmente :
» Tu pourras diviser leurs mortels éléments
» Et laisser loin de toi leurs grossiers sédiments ;

11.

. Quand l'éclair imposant, précurseur du tonnerre,
» S'allume, et que soudain enflammant l'atmosphère,
» Il annonce son maître aux régions de l'air ;
» Cette œuvre c'est la tienne, et ce rapide éclair,
» C'est toi que j'ai lancé du haut de l'empirée ;

» C'est toi qui, du sommet de la voûte azurée,
» Viens, comme un trait, frapper sur les terrestres lieux,
» Et dois du même choc rejaillir jusqu'aux cieux.

12.

» L'homme est le sens réel de tous les phénomènes.
» Leur doctrine est sans art; loin des disputes vaines,
» La nature partout professe en action ;
» L'astre du jour te peint ta destination :
» Parmi les animaux tu trouves la prudence,
» La douceur, le courage et la persévérance ;
» Le diamant t'instruit par sa limpidité ;
» La plante par ses sucs ; l'or par sa fixité.

13.

» Mais c'est peu pour mon plan qu'en toi tout corresponde
» A ces signes divers qui composent le monde,
» Mon choix sacré t'appelle encore à d'autres droits ;
» Il veut, réglant tes pas sur de plus vastes lois,
» Que ton nom soit ton sceptre, et la terre ton trône,
» Que des astres brillants te servent de couronne.
» Tout l'univers, d'empire ; et qu'une illustre cour
» Retrace autour de toi le céleste séjour. »

14.

Sa voix me régénère ! Agents incorruptibles
De ce Dieu qui remplit vos demeures paisibles,
Partagez mes transports ; oui, s'il paraît jaloux,
C'est de me rendre heureux et sage comme vous :

C'est de justifier ma sublime origine :
C'est d'ouvrir les trésors de ma source divine,
Pour que nous allions tous y puiser, tour à tour,
Les fruits de sa science et ceux de son amour.

15.

Si cet amour, malgré la distance où nous sommes,
Vous a fait quelquefois descendre auprès des hommes,
Ne peut-il pas aussi par ses droits virtuels,
Jusqu'à vos régions élever des mortels ?
Il unit tout : amis, que rien ne nous sépare ;
Mon être veut vous suivre aux cieux, dans le tartare ;
Il veut mêler ses chants avec vos hymnes saints,
Et siéger avec vous au conseil des destins.

16.

Tu triomphes, j'entends la voix de tes oracles,
Oh vérité ! je touche à ces vivants spectacles
Où l'œil et le tableau, partageant ta clarté,
Sont animés tous deux par ta divinité ;
Il semble, en admirant ces foyers de lumière,
Où ton éternité fixa son sanctuaire,
Que les sentiers du temps, s'abaissent devant moi,
Et que dans l'infini je m'élance après toi.

DANS LA MÊME COLLECTION :

L.-C. DE SAINT-MARTIN. — **Ecce Homo.**

WILLIAM LAW. — **L'Esprit de la Prière.**

J.-G. GICHTEL. — **Choix de Pensées.**

MADAME GUYON. — **Douze Discours Spirituels.**

JACOB BŒHME. — **Traité de la Vie Supersensuelle.**

RODOLPHE ZALZMANN. — **Lettres Choisies.**

ECKARTHAUSEN. — **La Nuée sur le Sanctuaire** (*sous presse*)

www.ingramcontent.com/pod-product-compliance
Lightning Source LLC
Chambersburg PA
CBHW060615050426
42451CB00012B/2261